AF363661

ALLOCUTION

PRONONCÉE EN L'ÉGLISE DE MONNAIE

LE JOUR DES OBSÈQUES

DE

MADAME ORIANE-MARIE-BLANCHE

DE FLAVIGNY

VICOMTESSE ARTUS DE LA PANOUSE

PAR

M. L'ABBÉ LE REBOURS

CURÉ DE LA MADELEINE

LE 25 AOUT 1885

ALLOCUTION

PRONONCÉE EN L'ÉGLISE DE MONNAIE

LE JOUR DES OBSÈQUES

DE

MADAME ORIANE-MARIE-BLANCHE

DE FLAVIGNY

VICOMTESSE ARTUS DE LA PANOUSE

PAR

M. L'ABBÉ LE REBOURS

CURÉ DE LA MADELEINE

LE 25 AOUT 1885

C'est la parole, mes Frères, qu'entendit autre-
fois Marie Madeleine en sa demeure de Béthanie, ·
si souvent consacrée par la venue du divin Sau-
veur.

L'épreuve avait cruellement atteint ceux que Jésus
aimait; il venait, plein de compassion, pleurer
avec eux et les consoler. Il lui plut, cette fois, de
le faire par un de ses plus éclatants miracles; ce
ne peut, je le sais, hélas! être là d'ordinaire son
dessein; mais toujours du moins il vient consoler
et soutenir ceux qui, à l'exemple des sœurs de
Lazare, l'appellent dans leur douleur, et cherchent
en lui le secours que nul autre ne saurait donner.

Le récit évangélique toutefois ne se borne pas à

nous montrer d'où peut venir la consolation en de telles tristesses; il contient encore un enseignement que je voudrais méditer quelques instants avec vous. N'est-ce pas, d'ailleurs, ce semble, répondre au désir de celle qui a tant aimé les âmes, que de chercher, en parlant d'elle, à les porter davantage à Dieu?

Le Maître est là, il vous appelle : aussitôt Marie se leva et elle vint à Jésus. Arrêtons-nous, mes Frères, à chacun des mots du texte sacré; aussi bien ils nous montrent en cette privilégiée du Seigneur le modèle des dispositions admirables qui rendent les âmes véritablement saintes et agréables à Dieu. Elle le reconnaît pour son souverain et unique maître, *Magister;* elle adore sa sainte présence et marche devant lui, *adest;* elle entend son appel, *vocat te;* elle va empressée partout où il la convie, *venit ad Jesum;* telles furent les dispositions excellentes qui firent la perfection de Marie Madeleine. Il ne nous sera pas difficile de montrer comment elles animèrent aussi uniquement celle dont le souvenir doit être pour nous aujourd'hui un exemple et un encouragement, Oriane-Marie-Blanche de Flavigny, vicomtesse Artus de la Panouse.

Dieu était vraiment son maître, elle lui appartenait tout entière; son âme, humblement, filialement soumise, reconnaissait et proclamait sans réserve ce souverain domaine. Puis, dans l'emploi de sa vie, elle sentait que tenant tout de Dieu, tout en elle devait être employé pour lui. Aussi, quel zèle ardent pour sa gloire, quel désir d'y travailler sans cesse en ramenant à lui les cœurs qui l'oubliaient! Tous ceux qui l'ont connue plus intimement s'accordent à nous dire qu'elle avait la passion des âmes : elle en était possédée, j'allais presque dire tourmentée. Voir Dieu offensé; la sainte Église persécutée, entravée dans son œuvre de salut; l'enfance, la jeunesse éloignées de lui dans des écoles d'où son nom était banni comme sa sainte image, tout cela étreignait douloureusement son cœur. De là, cet amour et ce dévouement pour l'Église; elle souffrait de toutes ses souffrances. De là, ce zèle actif, infatigable pour l'enfance, et ces comités des écoles dans lesquels, comme à Saint-Denys-de-la-Chapelle, elle était le lien, le centre et la principale bienfaitrice. De là encore, ces industries parfois charmantes pour donner et garder à Dieu les jeunes cœurs.

Comment ne pas rappeler ici cette classe installée dans son hôtel, dont l'ampleur ne lui plut jamais davantage que le jour où, d'accord avec celui qui aimait à s'associer à ses charitables desseins, elle l'ouvrit aux filles du peuple un instant sans asile. Les filles du plus grand monde venaient, empressées, se faire leurs institutrices; sa présence aimée de tous animait, encourageait maîtresses et élèves. Il lui eût été doux, ce semble, de penser qu'elle reposerait un jour ici, dans ce pays qu'elle aimait et dont elle était aimée, près de cette école

de Bourdigal, pieuse fondation de sa mère, au milieu et comme sous la garde d'enfants élevés dans
la connaissance et l'amour de son Dieu.

Après l'école, où la vie commence et se prépare,
sa préoccupation la plus grande était pour l'hôpital
où elle s'achève. Là encore, quelles habiles inven-
tions suggérées par le plus intelligent dévouement!
que de secours prodigués! que de petits présents
délicatement choisis et arrivant à propos! que de
paroles heureusement trouvées parce que le cœur
les inspirait! Ses malades ne s'y trompaient pas;
ils se disaient : « Elle nous aime! »

« Quand elle entrait dans la salle, nous écrit une
de ses compagnes de bonnes œuvres, tous les vi-
sages s'épanouissaient. Mais si, quelque devoir ur-
gent ne lui laissant pas le loisir de cette charitable
visite, son œuvre de prédilection, je devais la rem-
placer; quand on me voyait arriver, la déception
était grande pour tous, — ce n'était point elle! Nous
étions six, continue cette pieuse amie, elle avait
distribué entre nous les jours de la semaine; cha-
cune devait, à son tour, communier et prier pour
ses chers malades. Tout par la prière, aimait-elle à
répéter souvent; il fallait, disait-elle encore, de-
mander surtout à Dieu deux choses : que tous les
enfants fussent baptisés, et que les mourants s'en-
dormissent réconciliés tous avec lui. Ses pieux
désirs étaient d'ordinaire heureusement accomplis,
parfois cependant le succès se faisait attendre, sa
douleur alors était grande, et dans son humilité

elle s'accusait d'en être la cause, et multipliait les prières. »

En dehors de ces grandes œuvres des écoles et des hôpitaux, que d'âmes elle a cherchées, atteintes et aidées à revenir à cet unique Maître qu'elle voulait avant tout servir. Nous aurions à citer une foule de traits émouvants et pleins de charme ; mais, puisqu'il faut se borner, je choisirai, parmi tant d'autres, la chiffonnière sous sa fenêtre. Chaque matin la pauvre femme lui apparaissait, d'abord besoigneuse et affairée, puis assise, et attendant pour y trouver sa pauvre richesse les débris rejetés des somptueuses demeures. Un jour l'humble travailleuse, relevant par hasard la tête, aperçut au premier étage une gracieuse figure qui lui souriait — le sourire est parfois une si riche aumône pour le malheureux ! — Ce fut le lendemain même accueil, puis la connaissance n'en resta pas là ; sortant de sa demeure, la bienveillante dame aborda la chiffonnière, elle fit les premières avances : vous pensez si l'on y répondit ; bientôt elle sut toute une triste histoire, la misère abaisse souvent les vies sans abaisser cependant tout à fait les cœurs ! Quelques mois après la chapelle des catéchismes de Sainte-Clotilde, parée comme pour une fête, retentissait de chants harmonieux ; des amies avaient été convoquées, la chiffonnière allait faire sa première communion ! celle qui l'y avait préparée, à genoux près d'elle, heureuse et bénissant Dieu, l'accompagnait à la table sainte. Pour compléter son œuvre, elle voulut que la communiante à son tour vînt s'assoir près d'elle en sa demeure au banquet de l'enfant prodigue revenu à la maison paternelle. Le pauvre compagnon de cette vie désormais relevée avait assisté, au bas de la chapelle, à la pieuse cérémonie; étonné d'abord, puis ému, il fut bientôt converti. Après quelques jours, la bénédiction de Dieu consacrait leur union.

Comment ne point rappeler encore ces deux bons vieillards de Clignancourt qu'elle allait chaque année prendre avec sa voiture et conduire à l'Église pour qu'ils pussent y faire leurs pâques. On me dit que, les ramenant en leur pauvre demeure, elle partageait leur frugal repas, condescendance plus délicate peut-être et plus touchante encore.

Non contente de se dépenser sans réserve lorsqu'il s'agissait de sauver une âme, et d'en chercher partout l'occasion avec un désir que j'oserais appeler insatiable, elle savait de plus avec une rare intelligence susciter les bonnes volontés et grouper autour d'elle des chrétiennes généreuses, disposées à l'aider pour le bien. C'était vraiment un cœur d'apôtre; les prêtres de sa paroisse, dont elle fut longtemps l'infatigable auxiliaire, se plaisaient à le redire, et les sœurs de Charité, qui voyaient en elle comme une compagne au milieu du monde, lui rendaient le même témoignage; il n'en était guère à Paris qui ne connussent le chemin de sa demeure et qui n'eussent été mêlées à quelqu'une de ses bonnes œuvres.

Ces œuvres qu'elle aimait tant ne seront point abandonnées, elles ont été généreusement recueillies comme un héritage sacré par celui qui met sa consolation à les continuer, sûr de répondre ainsi à ses plus chers désirs. Il sera puissamment secondé par ses prières, — ses prières qui semblent déjà plus efficaces depuis qu'elle a quitté la terre! « Je lui ai longtemps résisté, » disait, en apprenant la mort de sa bienfaitrice, un malheureux touché d'une profonde et salutaire douleur, « maintenant, je ne le puis plus, je veux faire ma première communion et vivre en chrétien pour la retrouver un jour! »

C'est ainsi que cette grande chrétienne mettait sans réserve son cœur, son activité, sa vie tout entière au service de Celui dans lequel elle reconnaissait avec Marie Madeleine son unique et souverain maître, *Magister*.

Mais aussi, comme Marie Madeleine, elle voyait ce maître toujours présent et marchait devant lui, *Magister adest;* c'était sa force et toute sa consolation. Cette présence, elle la trouvait sans doute dans la prière, dans la méditation silencieuse et recueillie, mais c'était surtout au saint autel qu'elle la sentait davantage. Il semble qu'elle ait été prédestinée au culte et à l'amour de la très sainte Eucharistie. Elle avait à peine neuf ans lorsque sa sœur aînée fit sa première communion; mais, prévenue déjà des bénédictions du Seigneur, elle lui demanda avec cette familiarité dont elle avait dès lors l'attrait, de lui faire comprendre à elle-même ce que c'était que de communier, et dans ses confidences intimes elle disait que son désir avait été dès lors exaucé. C'est là, ce semble, le secret de sa vie et de cette particulière dévotion qu'elle a toujours eue pour Notre-Seigneur en son sacrement. Le recevoir chaque jour devint plus tard son soutien et son bonheur; elle aimait à l'adorer, à l'entourer d'honneurs, à venir en aide aux églises les plus dénuées, à pourvoir les missionnaires, au moment de leur départ, de tout ce qui devait servir au saint sacrifice; mais surtout, lorsque, porté par son prêtre, Notre-Seigneur daignait aller visiter sur son lit de douleur *un de ses pauvres,* comme elle disait, il n'y avait point pour elle d'heure trop matinale, point d'intempérie de saison, elle était là; son petit autel portatif, où tout se trouvait dignement et presque richement préparé, la précédait, afin que l'hôte adorable, qui sans doute regarde avant tout les cœurs, trouvât même extérieurement un accueil moins indigne de lui.

Ce n'était pas seulement dans la prière et à l'autel qu'elle trouvait le divin maître, il lui était partout présent; et cette présence, pour elle comme pour Marie Madeleine, avait un caractère à part: elle était consolante et douce. Dieu ne lui apparaissait pas comme un maître sévère et qui effraye, moins encore comme un étranger, dont l'entrée subite trouble et impose la gêne; non, c'était un ami, dont

la venue réjouit et n'arrête rien des occupations
ordinaires de la vie, devant lequel on les continue
selon la forme accoutumée, heureux de le savoir
près de soi, et s'interrompant à peine de temps à
autre pour un regard affectueux, ou pour un mot
du cœur.

Il faut chercher là sans doute le secret de cet
ascendant presque irrésistible qu'elle avait sur tous.
Sa vertu n'était ni chagrine ni austère, elle était
aimable, et par là même doucement contagieuse;
dans cette société d'élite, où son esprit cultivé, son
goût pour les lettres et pour les arts lui donnaient
une place à part, on sentait toujours en elle la
chrétienne dominée par le côté surnaturel des choses,
mais on n'en était point gêné. Elle portait avec soi
comme un reflet de celui qui habitait en elle; de là
venait ce charme indéfinissable qui lui donnait
influence, presque autorité sur les grands comme
sur les petits. Elle ne l'ignorait pas, et sentait que
de ce don, comme de tous les autres, elle devrait
un jour rendre compte à Dieu; aussi n'en usait-elle
que pour lui; et comme dans l'ordre surnaturel
Dieu se plaît à augmenter ses dons quand on s'en
sert selon ses desseins, il se plaisait à augmenter
aussi en elle cet heureux empire sur tous ceux qui
l'approchaient. Que de cœurs brisés furent ainsi
par elle relevés, remis dans la voie! Combien de
ces douleurs poignantes, qui visitent si souvent les
grands de la terre, ont été adoucies parce qu'on les
sentait pieusement partagées!

Mme de la Panouse n'était point, d'ailleurs, injuste ni ingrate envers la vie : elle en avait beaucoup reçu, et jouissait des dons de Dieu avec simplicité et reconnaissance. Les avantages du rang et de la fortune lui avaient été donnés largement; elle les appréciait, parce qu'ils sont un puissant moyen d'action pour le bien, et elle en usait avec une très haute idée des devoirs qu'ils imposent à ceux qui les possèdent. Mais c'est surtout dans un ordre plus élevé, celui de l'intelligence et du cœur, que la Providence avait été généreuse pour elle, et semblait ne lui avoir rien laissé à désirer. Elle lui avait d'abord donné une famille, je devrais dire deux familles, dont elle était également et tendrement aimée; tous se groupaient volontiers autour d'elle, trouvant à la fois en son affection dévouée un charme, un appui, un exemple entraînant vers le bien. Son deuil a été aussi pour tous presque celui d'une mère.

Dieu lui avait encore donné, dans une large mesure, le bonheur du foyer domestique; elle s'y consacrait comme à son premier devoir; sa piété profonde, l'esprit surnaturel, qui l'animait toujours et semblait la faire planer au-dessus du monde, ne lui faisaient rien négliger des choses ordinaires et communes de chaque jour; elle gouvernait avec soin sa maison; vigilante et bonne pour tous, ses serviteurs l'aimaient et la pleurent. Attentive aux moindres détails, elle savait rendre sa demeure aimable à celui qui partageait sa vie, comme aux amis nombreux qui se plaisaient à s'y réunir.

Ce foyer, pourtant, hélas ! a connu de cruelles douleurs, adoucies toutefois parce qu'on les portait ensemble. Comment l'oublier en présence de ces deux cercueils, dont les blanches draperies rappellent les deux anges qui sont allés trop tôt la précéder au ciel ! Mais leurs prières ont protégé sa vie, et ils sont venus au-devant d'elle pour la recevoir en la bienheureuse patrie.

Je me plais à croire que le saint roi, dont nous faisons aujourd'hui la fête, le glorieux saint Louis, formé à la vertu par sa pieuse mère Blanche, a voulu aussi se joindre à eux pour l'accueillir ; elle avait en lui une particulière confiance, puisqu'elle l'avait donné pour patron au fils qui, seul, devait lui rester. Elle n'a pas été trompée dans son espoir, et maintenant sans doute elle remercie ce puissant protecteur en voyant largement récompensé, grâce à lui, ce dévouement paternel et maternel, qui a préparé pour l'avenir un homme et un chrétien. Elle eût tant joui de ses heureux succès ! elle jouira plus encore de sa fidélité.

Tels furent dans cette âme fidèle le caractère et les fruits de la présence toujours sentie et aimée du Maître divin : *Magister adest.*

Enfin, comme Marie Madeleine, elle a toujours écouté, toujours fidèlement suivi le maître, quand il l'appelait : *Magister adest et vocat te.*

La vie est pleine des appels de Dieu ; y répondre est toute la perfection.

Parfois ce sont des appels à une perfection intérieure plus élevée, à un sacrifice de soi toujours plus grand, à l'union toujours plus intime et plus complète avec Dieu. Cette âme d'élite a su entendre cette voix, elle y a toujours répondu; pressée, ce semble, d'accumuler les vertus et les mérites, elle avançait chaque jour à grands pas dans ce chemin de la perfection.

D'autres fois, ce sont des appels aux œuvres extérieures, sans cesse nouvelles, sans cesse multipliées. Les plus courageux souvent s'en fatiguent, et fixent des bornes à leur dévouement. Elle n'était pas de ceux-là; c'était un cœur vaillant; nul obstacle ne la rebutait : ni les longues résistances des âmes, ni les difficultés matérielles des œuvres, ni le cercle toujours agrandi du bien qui se présentait à faire. Le maître pouvait l'appeler à toute heure comme à toute œuvre, elle était prête pour le travail, estimant que l'on n'a jamais fait assez, quand on peut faire davantage. Elle n'a hésité, elle n'a reculé devant aucun appel, et quand l'ange du dernier jour est venu si soudainement lui dire : « Le maître est là, il vous appelle : » *Magister adest et vocat te*, elle a répondu sans retard, et a fait, soumise comme toujours, le sacrifice de sa vie. « Je vais mourir, » dit-elle; puis, trouvant sans doute sa tâche inachevée : « Ce n'est pas ce que j'avais demandé, ô mon Dieu, mais que votre sainte volonté soit faite. » Ce furent ses seules paroles.

Nous l'avons vue sur son lit de mort, calme,

presque souriante, la tête doucement inclinée;
on eût dit le repos du soir, après les labeurs fé-
conds et aimés du jour. Ses funérailles, célébrées
avec un touchant respect et d'unanimes regrets,
ont été un véritable triomphe : consolation suprême
pour les deux cœurs qui semblaient tout perdre en
la perdant ! Les pauvres se mêlaient en foule à sa
famille, ils en avaient bien le droit.

Mme de la Panouse s'est en allée les mains plei-
nes, laissant sur la terre une mémoire en bénédiction; appelée trop tôt, hélas! pour ceux qui la
pleurent, à jouir dans le ciel, avec Marie Madeleine, de cette meilleure part qu'elle avait déjà
choisie comme elle sur la terre, et qui ne lui sera
pas enlevée. *Optimam partem elegit quæ non aufe-
retur ab ea.*

16525. — Tours, impr. Mame.

TOURS, IMPRIMERIE MAME